Comment éveiller votre bébé ?

par Dominique van der Kaa

50MINUTES.fr

COMMENT ÉVEILLER SON BÉBÉ ?

- **Problématique ?** Tous les parents le savent, les premiers mois du nourrisson sont déterminants pour son développement et son avenir. Dès lors, comment l'aider à acquérir les aptitudes motrices, intellectuelles et sociales fondamentales pour son futur ?
- **Objectifs ?** Comprendre le développement psychomoteur du nouveau-né et l'accompagner au mieux dans sa découverte du monde.
- **FAQ ?**
  - Comment réagir si mon bébé refuse de manger ?
  - Quel jouet choisir pour mon enfant ?
  - Que penser de la tétine ?
  - Comment savoir si je stimule trop mon bébé ?
  - Mon enfant d'un an ne parle pas, est-ce normal ?
  - Comment savoir si mon enfant souffre d'un retard de développement ?

Dès sa naissance, le nourrisson découvre le monde, son environnement, son corps et ses capacités. Si dans les premiers mois de sa vie, le nouveau-né dépend essentiellement de sa mère, il acquiert peu à peu une certaine autonomie grâce à la maîtrise de son corps et à ses expériences de vie. C'est ainsi également qu'il commence à dessiner les contours de sa personnalité. Voir son enfant se développer est une source d'émerveillement mais aussi d'inquiétude pour les parents : on s'émeut lorsqu'il sourit, quand il fait ses premiers pas, quand il dit ses premiers mots, mais on s'inquiète aussi de savoir s'il évolue normalement.

Dans cette période riche en découvertes, il est important d'accompagner son enfant. Mais comment l'aider à s'éveiller en toute sécurité, en répondant à ses attentes et en lui faisant plaisir ? Découvrez dans cet ouvrage les informations essentielles à connaître sur le développement du tout-petit et une série d'activités qui stimuleront ses sens de façon efficace en respectant son niveau d'éveil.

COMMENT VOTRE NOURRISSON SE DÉVELOPPE-T-IL ?

Après neuf mois d'attente, votre bébé pointe enfin le bout de son nez et arrive dans un environnement nouveau où tout est à découvrir. Ce nourrisson bouscule vos habitudes et il n'est pas toujours facile de le comprendre. Pourtant, il est capable de communiquer dès la naissance grâce à des facultés développées *in utero*. Ces compétences évolueront au fil des mois grâce à toute une série d'étapes physiologiques, intellectuelles et sociales telles que l'éveil des sens, l'apprentissage du langage ou encore l'évolution de son développement moteur et affectif.

LA DÉCOUVERTE SENSORIELLE

Le toucher

Le toucher est le premier sens à se développer chez le fœtus. Il peut en effet ressentir effleurements, caresses et autres sensations dès le deuxième mois de grossesse. Ensuite, à mesure qu'il grandit et que le liquide amniotique diminue, les sensations tactiles augmentent. À six mois de grossesse, la maturation du toucher est achevée. Ainsi, dès la naissance, le nouveau-né est sensible au chaud et au froid ainsi qu'à la douleur.

Le toucher a une grande importance dans l'éveil du nourrisson : il s'agit pour lui d'un moyen d'entrer en contact avec l'autre et d'engranger des informations sur l'état du monde extérieur. C'est la première forme de communication non verbale.

Le goût

La faculté de découvrir les saveurs apparaît tôt dans la vie du fœtus. Vers la douzième semaine de vie embryonnaire, les papilles gustatives se forment et les mouvements de la langue ainsi que la déglutition apparaissent. Le fœtus peut dès lors avaler des quantités toujours plus importantes de liquide amniotique et expérimenter ainsi des sensations gustatives suivant le régime alimentaire de sa mère. Il est également déjà sensible aux quatre saveurs de base, à savoir les goûts amers, acides, salés et sucrés, avec une préférence pour ce dernier.

Après la naissance, quand le nouveau-né sera mis au sein, il goûtera le lait maternel dont les premières sécrétions s'appellent le colostrum. Cette substance étant très proche du liquide amniotique, l'enfant continuera donc d'expérimenter ce que sa mère mange. On constate ainsi que les bébés nourris au sein acceptent mieux la diversification alimentaire que ceux qui consomment du lait en poudre, qui a le même goût à chaque tétée.

Entre 4 et 6 mois, des changements s'opèrent petit à petit dans l'alimentation du nouveau-né qui pourra découvrir progressivement de nouvelles saveurs et de nouvelles textures.

> ### LE SAVIEZ-VOUS ?
>
> Le sucré a un effet apaisant chez le nouveau-né lors des premières semaines de vie. C'est pourquoi de nombreuses maternités et services de pédiatrie proposent au bébé un petit biberon d'eau sucrée pour le détendre avant de réaliser certains examens.

L'ouïe

L'ouïe est un sens important, car il permet de percevoir le monde qui nous entoure et d'accéder à la communication. C'est le sens le plus développé chez le fœtus, qui commence à entendre dès le cinquième mois de grossesse. Au début, il ne perçoit que les bruits provenant de sa mère, comme les battements de son cœur, les bruits de son système digestif ou de son système circulatoire, puis il devient sensible aux sons du monde extérieur : les voix, la musique, etc.

Dès la naissance, le système auditif du nouveau-né est fonctionnel et il reconnaît déjà la voix de ses parents. Jusqu'à 3 mois, il réagit aux bruits en sursautant, en clignant des yeux, en modifiant l'expression de son visage, en pleurant ou en écartant ses quatre membres. À partir de 3 mois, il tourne la tête en direction de la voix ou du bruit perçu, commence à gazouiller et à manifester son enthousiasme dès qu'il entend une musique qu'il apprécie. Il interagit de plus en plus avec son environnement et le dialogue s'installe.

LE SAVIEZ-VOUS ?

Un bébé peut se souvenir des sons qu'il a entendus pendant la grossesse. N'hésitez donc pas à lui parler ou à lui faire écouter de la musique.

La vue

La vue est le dernier sens à se former *in utero*. Cela se passe environ au septième mois de grossesse, et a pour principal objectif d'établir le contact avec le monde extérieur et avec ses proches.

À la naissance, le bébé ne voit que des objets contrastés à une distance d'environ 20 à 40 cm, ce qui correspond à la distance entre le sein et les yeux de sa mère. Il ne commence à distinguer les couleurs que plus tard : vers 6 semaines, il découvre le rouge et le vert, et il faut attendre entre quatre et six mois pour qu'il discerne le bleu et le jaune. C'est à cette période également que le nourrisson peut reconnaître le visage de sa mère parmi d'autres personnes et qu'il peut suivre un objet en mouvement dans les deux directions de l'espace.

À 3 mois, il distingue des objets familiers comme le biberon. Vers 4 mois, le nouveau-né commence à percevoir les reliefs et à mieux appréhender les distances. Vers 9 mois, il peut différencier son entourage des personnes inconnues. Sa vue de près reste meilleure que sa vue de loin. Enfin, vers 1 an, sa vision à distance s'est bien améliorée puisqu'il perçoit les détails. Dès lors, ses capacités visuelles sont proches de celles d'un adulte.

L'odorat

On l'oublie souvent, mais l'odorat est un sens très développé chez le bébé. Le système olfactif est d'ailleurs l'un des premiers à se mettre en place dans l'utérus (entre trois et quatre mois de vie embryonnaire). À partir de six mois de grossesse, le fœtus peut inhaler du liquide amniotique et dès les premiers jours de sa vie il peut reconnaître l'odeur maternelle.

Un véritable lien se crée entre l'enfant et sa mère grâce à cette reconnaissance olfactive qui s'intensifie encore lors de l'allaitement. Le bébé se sent en sécurité et peut ainsi développer une relation d'attachement sans danger, indispensable à une évolution saine. De plus, les odeurs peuvent rythmer la journée du nourrisson et l'aider dans l'établissement d'un schéma temporel.

LE SAVIEZ-VOUS ?

D'après une étude réalisée par Joy V. Browne (professeur clinicien en pédiatrie à l'université du Colorado), le lait maternel aurait la même odeur que celle du liquide amniotique, et serait dès lors doté de propriétés apaisantes exceptionnelles pour le nourrisson. Un vêtement porté par la mère se révélerait très efficace pour calmer les pleurs ou les angoisses d'un nouveau-né. (BROWNE (J.V.), « Chemosensory Development in the Fetus and Newborn », in *Newborn and Infant Nursing Reviews*, vol 8, 2008, p. 180-186)

L'ACQUISITION DU LANGAGE

Le développement du langage est un processus lent. Dès la naissance, le nourrisson découvre qu'il peut émettre des sons, dont il va se servir pour exprimer ses besoins, ses douleurs et ses joies. Il comprend vite que l'intonation de ses cris ou de ses pleurs entraîne une réponse plus ou moins rapide de sa mère ou de son entourage.

À partir de 2 mois, le nouveau-né vocalise des « e », « eu », « a », des phonèmes universels que tous les bébés, même sourds, utilisent, indépendamment de leur langue maternelle. Entre 3 et 6 mois, des gazouillis (ou les vocalisations prolongées comme « areuh ») se font entendre et bébé peut rire aux éclats.

De 6 à 9 mois, c'est l'âge du langage dissyllabique (« ba-ba », « ma-ma », « pa-pa »), qui est suivi par une phase d'imitation, d'abord de sons puis de mots. Entre 8 mois (pour les plus précoces) et 20 mois, on assiste à l'émergence de la référence : certains sons désignent pour l'enfant un objet ou un besoin. Enfin, généralement entre 12 et 18 mois, l'enfant commence à prononcer des mots séparés puis les associe deux par deux.

LE SAVIEZ-VOUS ?

Lors des premiers mois de vie du nourrisson, ses cris sont asexués. Il est donc impossible de reconnaître le sexe d'un enfant en se basant sur le seul son de sa voix.

LE DÉVELOPPEMENT MOTEUR

Le développement moteur du nouveau-né comprend l'évolution des motricités manuelles et de locomotion ainsi que de l'adresse manuelle.

Chez le nouveau-né, il existe des mouvements de nature automatique, appelés réflexes primaires, qui disparaissent généralement entre 3 et 6 mois de vie. Parmi eux, on retrouve les réflexes de succion, de préhension et de marche automatique.

L'acquisition de la motricité de base varie fortement d'un enfant à l'autre, et ce, en raison de nombreux facteurs, qu'ils soient environnementaux ou physiques. On remarque toutefois certaines généralités au niveau des aptitudes et de l'âge auquel elles s'acquièrent. Ainsi :

- vers 2 mois, le nourrisson peut lever la tête légèrement et se tenir sur ses avant-bras en position ventrale ;
- vers 3-4 mois, il est capable de tenir sa tête droite en position assise ;
- vers 4-6 mois, il peut lever la tête et s'appuyer sur ses coudes lorsqu'il est sur le ventre et apprend à se retourner sur le dos quand il est couché ;
- vers 6 mois, il découvre la position assise dite en tripode, il prend appui sur ses jambes écartées et ses mains sont placées loin en avant, le dos est courbé ;
- vers 8 mois, il tient assis seul et développe une préhension active du pouce ;
- vers 8-9 mois, il peut coordonner ses mains et se tenir debout en prenant appui sur les meubles ;
- vers 10-11 mois, il utilise son pouce et ses autres doigts pour former une pince afin de manipuler de petits objets. Il est également en mesure de ramper, de se déplacer à quatre pattes et de s'asseoir tout seul ;
- vers 18 mois, le nouveau-né est normalement en mesure de marcher ;
- vers 24 mois, il apprend à courir et peut monter et descendre les escaliers.

S'il est toujours agréable pour les parents de voir leur enfant évoluer et se passionner pour son environnement, il est cependant important que ces compétences motrices soient acquises graduellement et au rythme du bébé. Brûler les étapes de son apprentissage pourrait entraîner de lourdes conséquences.

LE DÉVELOPPEMENT AFFECTIF

À la naissance, le bébé est déjà pourvu de capacités communicatives émotionnelles et affectives. L'attachement à sa mère se développe au départ par des comportements innés. Les pleurs, la succion ou encore l'agrippement permettent au nourrisson de maintenir un contact physique avec elle et lui procure un sentiment de sécurité. Au début de sa vie, le nouveau-né est totalement dépendant de l'adulte pour assouvir ses besoins primaires. Ses compétences sensorielles sont impliquées dans les interactions qu'il a avec l'adulte : il recherche les contacts physiques et les caresses, et la voix de ses parents l'apaise. Dès la troisième semaine de vie, on peut constater que la mère et son bébé tendent à se regarder. Ainsi, très tôt, le sourire du nourrisson atteste son plaisir à entrer en relation avec l'autre. Le sourire social devient sélectif à 3 mois.

Si les réponses de l'entourage aux demandes du nouveau-né sont adé-quates, ce dernier développera un sentiment de sécurité ainsi qu'une image positive de lui-même à partir de laquelle il pourra faire de nouvelles acquisitions. Cependant, si ces réponses ne correspondent pas à ses besoins, il formera un attachement dit angoissé et n'aura pas confiance en lui, ou en l'autre.

En grandissant, le nourrisson acquerra une autonomie progressive et se détachera doucement de sa mère. Afin que ce processus de séparation et de distanciation physique se déroule bien et engendre un sentiment d'exister, il faut qu'un accordage affectif entre le tout-petit et ses parents ait lieu : il s'agit de bien s'attacher pour mieux se détacher.

Entre 2 et 3 mois, une ébauche de dialogue se met en place avec une alternance de rôles. Autour de six mois, le dialogue s'accentue puisque bébé est désormais capable d'imiter des sons. À cet âge, le nouveau-né recherche toujours le contact de sa mère et cette quête est de plus en plus active. Il s'intéresse également davantage à son corps et aux objets qui l'entourent. Enfin, il explore le visage de l'adulte et traduit son mécontentement ainsi que ses angoisses par des cris.

Entre 8 et 9 mois, comme il peut distinguer les visages familiers, il exprime son inquiétude face à une personne inconnue.

Aux alentours d'1 an, avec ses nouvelles acquisitions, le bébé éprouve de la joie dans ses déplacements, dans les gestes qu'il maîtrise, avec les jeux et les objets qu'il contrôle. Il éprouve toujours beau-coup de plaisir à être avec sa mère et désire ardemment sa présence. Lorsqu'elle ne répond pas à ses appels, il ressent de la tristesse et découvre progressivement qu'il ne peut pas toujours la faire venir. Son sentiment de pouvoir (ressentir du plaisir) est complété par celui de l'impuissance, car son désir diffère parfois de celui de l'adulte. À cet âge, il est aussi capable de donner un objet à l'adulte, une nou-velle forme d'échange s'établit alors. C'est ainsi que se met en place toute une série de notions : frustration/permission, autonomie/dépendance, don/retrait, échange/reprise.

À cette période également, le nourrisson prend plaisir à acquérir de nouvelles compétences seul et exprime son besoin d'autonomie. C'est l'apparition du « non » et de l'imitation du comportement adulte. La personnalité du bébé s'affirme, mais il reste toutefois angoissé à l'idée de perdre l'amour de ses parents. Cette crainte peut

se traduire par un désarroi face un interdit ou encore par des difficultés à s'endormir. Il réclame alors de petits rituels d'endormissement
rassurants (des histoires, une comptine, une berceuse) qui requièrent
la présence d'un parent. Sa mère reste son attache privilégiée en
cas de malheurs ou pour les soins corporels, mais il peut entrer en
relation avec d'autres personnes.

COMMENT AIDER SON BÉBÉ À S'ÉVEILLER AU MONDE ?

STIMULER SES SENS

Le repas

L'alimentation du nourrisson est très propice au développement de ses cinq sens. Si jusqu'à 4 mois il se nourrit exclusivement de lait – maternel ou en poudre –, dès l'introduction d'aliments solides ou semi-solides, un monde de découverte s'ouvre à lui.

Entre 4 et 6 mois, vous pouvez déjà songer à diversifier légèrement son alimentation, tout en veillant à mixer correctement sa nourriture sous forme de purée lisse. Si votre bébé présente des allergies ou des antécédents familiaux dans ce domaine, ne vous précipitez pas et attendez ses 6 mois. N'hésitez pas à demander conseil à votre pédiatre. Allez-y doucement et faites-lui tester un seul aliment nouveau à la fois. Commencez par les fruits et légumes que vous mangez quotidiennement, car votre bébé les connaît, puisqu'il les a goûtés pendant votre grossesse.

Mais le goût n'est pas le seul sens à s'éveiller grâce aux repas. En effet, durant ce moment privilégié, tous les sens peuvent être sollicités. Dès lors, variez les couleurs, les textures, faites-lui sentir ce qu'il mange, etc. Veillez à diversifier autant que possible son alimentation, car la monotonie du repas peut engendrer non seulement une certaine lassitude, mais également une peur de la nouveauté.

S'il refuse de manger certains produits, ne le forcez pas. Réintroduisez l'aliment redouté dans de bonnes conditions (dans une ambiance calme, par le jeu, etc.), sans le cacher et en le présentant de façon agréable à l'œil pour que votre bébé ait envie d'y goûter. N'instaurez jamais un système de récompense/punition, car cela le conditionnera à rechercher une situation où il obtiendra le plus de bénéfices secondaires. De même, ne félicitez jamais votre enfant parce qu'il mange bien, car, pensant vous faire plaisir, il pourrait ingurgiter des quantités supérieures à celles dont il a besoin.

N'hésitez pas à installer de petits rituels annonciateurs du repas : expliquez-lui ce qui se passe, mettez-lui un bavoir, montrez-lui les aliments que vous cuisinez, etc. Le moment du repas doit rester un moment privilégié entre l'enfant et ses parents et se dérouler dans une ambiance sereine.

> **LE SAVIEZ-VOUS ?**
>
> Stopper rapidement le biberon et la tétine au profit d'aliments durs et craquants dès que le développement de l'appareil buccal et digestif le permet prévient efficacement les troubles de l'articulé dentaire, à savoir le rapport entre les mâchoires supérieure et inférieure lors de la fermeture de la bouche, ainsi que les malpositions dentaires.

Le massage

Le massage du nourrisson est, pour les parents, le moyen de transmettre leur affection par le toucher. Précisons toutefois que cette pratique ne peut débuter que lorsque le nouveau-né est âgé d'un mois. Avant cela, le nombril n'est pas encore cicatrisé.

Au cours des années 2000, une nouvelle forme de massage est apparue : le massage Shantala. Il s'agit d'un art traditionnel visant à aider le tout-petit à bien grandir grâce à un accompagnement serein et à une relation parent-enfant privilégiée. La technique est née de la rencontre entre un obstétricien occidental, Frédérick Leboyer (né en 1918), et une jeune femme indienne de la région de Calcutta, nommée Shantala et consiste à masser les différentes parties du corps de son enfant en partant du haut vers le bas dans un mouvement de va-et-vient de faible amplitude et de faible intensité.

Les nombreux bienfaits du massage sur le développement affectif, moteur et sensoriel du nourrisson ne sont plus à démontrer :

- il stimule les différents systèmes de l'organisme (sanguin, lymphatique, digestif, respiratoire, nerveux) et peut ainsi servir à soulager les coliques et la constipation, à décongestionner les sinus, à dégager les voies respiratoires, etc. ;
- il aide le bébé à affiner son schéma corporel et facilite son développement psychomoteur en lui apportant plus d'agilité, une meilleure tonicité musculaire et en l'éveillant doucement à la vie ;
- il renforce le lien affectif entre le nouveau-né et celui qui le masse ;
- il devient une méthode de relaxation très efficace s'il est réalisé dans une ambiance calme et sereine ;
- il permet d'instaurer un climat propice à la communication. De plus, l'échange de paroles et de sourires qu'il implique revêt un caractère ludique et facilite l'acquisition d'aptitudes intellectuelles ;
- il exige un contact direct entre le bébé et son masseur ce qui demande une certaine confiance.

D'autres activités

De nombreuses activités quotidiennes permettent d'éveiller les sens de votre enfant, l'important est de toujours les réaliser dans le respect de son rythme et de son développement. Ainsi, la promenade représente un excellent moyen de lui faire découvrir le monde extérieur et est même préconisée dès le plus jeune âge. Le bain constitue également un moment d'échange idéal pour enrichir ses capacités sensorielles, etc.

DÉVELOPPER SES CAPACITÉS CÉRÉBRALES

Le langage

Il est très important de parler à son bébé même s'il ne peut répondre de façon intelligible, car cela l'aidera à développer ses aptitudes langagières et cérébrales.

Lorsqu'il s'adresse à son enfant, un parent adopte spontanément une voix plus aiguë qu'à l'ordinaire. Les spécialistes anglais appellent *motherese* le registre utilisé pour s'adresser aux bébés. Ce langage enfantin se caractérise par un débit ralenti, une prosodie marquée et un vocabulaire infantile et est en réalité très proche de celui du nourrisson. Il s'agit donc d'une manière affective de capter son attention. Avec l'évolution du langage de l'enfant et le fait qu'il essaie progressivement d'imiter l'adulte, ce « parler-bébé » est peu à peu remplacé par un langage ordinaire qui permet à ce dernier d'acquérir du vocabulaire et une syntaxe.

Suivez ces quelques conseils pour stimuler les compétences langagières de votre nourrisson :

- répondez en souriant à toutes ses tentatives de communication ;
- parlez-lui chaque fois que vous vous retrouvez ensemble : lors du change, du bain, du repas, etc. ;
- par après, évitez le langage « bébé » et préférez l'utilisation de vrais mots en articulant bien ;
- accentuez vos intonations ;
- ajoutez des mimiques et des gestes ;
- nommez tout ce qui attire son attention, ce qu'il manipule ;
- décrivez ce qui l'entoure, vos actions et les siennes ;
- utilisez des consignes simples et formez des phrases courtes ;

- favorisez les interactions, qui sont des moments privilégiés de langage, en jouant avec lui, en lui laissant un temps de paroles ;
- reformulez correctement les mots qu'il essaie de prononcer.

TRANSFORMER LE JEU EN OUTIL D'APPRENTISSAGE MOTEUR ET AFFECTIF

Le jeu permet un éveil plurisensoriel du nouveau-né, car il met en alerte tous ses sens. À travers ces activités ludiques, il découvre le monde qui l'entoure, s'entraîne à distinguer les couleurs et les formes, découvre les sons et les bruits ou encore perçoit les différentes textures grâce au toucher.

Non seulement ces jeux l'aident à appréhender son environnement, mais ils participent aussi à son développement moteur. En effet, à mesure que le nourrisson manipule ses hochets, ses cubes et ses mobiles, ses gestes ainsi que ses mouvements se précisent et son attention se fixe.

Jouer ensemble

Un nouveau-né est capable d'acquérir par lui-même beaucoup d'aptitudes s'il est dans de bonnes conditions affectives. Il pourra ainsi développer sa motricité, qu'elle soit globale ou fine, et accroître sa connaissance des personnes et des objets qui l'entourent. En jouant avec lui, vous instaurez une relation basée sur l'échange et l'affectivité. Votre bébé est heureux quand l'un de ses parents lui consacre un peu de temps.

- Jusqu'à l'âge de 3 mois, le jeu ne fera pas encore partie intégrante du quotidien de votre nouveau-né. Vous pouvez néanmoins le stimuler en pratiquant certains gestes au quotidien comme l'encourager à réaliser des mouvements de pédalages avec ses jambes qui l'aideront à ressentir son corps ou encore le porter en écharpe, en respectant la position physiologique du bébé.
- De 3 à 6 mois, votre nourrisson développe certaines capacités sensorielles et motrices. Il est alors temps de l'aider dans son apprentissage en stimulant son ouïe en lui faisant entendre par exemple des sons variés comme les cris des animaux.
- Entre 6 et 12 mois, votre bébé a bien grandi. C'est le bon moment pour introduire des jeux moteurs qui l'aideront à préciser ses compétences intellectuelles, motrices et sociales comme des courses-poursuites à quatre pattes, des parties de cache-cache, la lecture d'histoires, des petits concerts improvisés ou encore des jeux de nourrice.
- Entre1 et 2 ans, l'enfant éprouve le désir d'imiter ses parents dans leurs tâches quotidiennes. Laissez-le vous accompagner et vous aider à préparer le repas, à ranger la vaisselle, à replier le linge ou à passer l'éponge sur la table. En accomplissant ces tâches, il affinera ses mouvements et sa coordination et prendra confiance en lui. Le but ici n'est pas qu'il exécute à la perfection ce que vous lui demandez, mais plutôt qu'il prenne plaisir à accomplir seul de petits gestes en votre compagnie.

Le temps dont on dispose pour s'occuper de son enfant varie considérablement d'un parent à un autre. Mais l'important n'est pas le nombre d'heures passées avec son bébé, mais la qualité du temps offert dans cette relation.

Jouer seul

Pensez à laisser à votre enfant quelques moments de solitude pour qu'il puisse observer ce qui l'entoure. Il n'est pas primordial qu'un adulte soit toujours présent pour divertir le nouveau-né, puisque celui-ci est capable de s'occuper seul pendant un certain laps de temps. Le laisser jouer en toute autonomie, c'est lui donner du temps pour exprimer sa créativité et son potentiel. Pour l'y aider, créez un environnement attrayant et sécurisé, et mettez des jouets à sa portée. Ces moments passés seuls sont d'une grande importance pour le développement de votre enfant, car ils lui permettent d'accepter la solitude et de se détacher de l'adulte, ce qui favorisera une séparation saine et sereine pour l'avenir.

Le choix des jouets

Choisir un jeu adapté à l'âge et au développement du bébé est important. Les jouets doivent être attrayants et de bonne qualité afin d'attirer son attention et d'éviter qu'il ne se lasse trop rapidement. Il est inutile de lui proposer trop de jouets à la fois : limitez le choix à trois ou quatre et surtout, respectez son jouet préféré, même si celui-ci est vieux, laid ou abîmé, car il le rassure et l'apaise.

Entre 1 et 3 mois, le nourrisson est peu actif. Les jouets ont donc pour principal objectif d'attirer son attention et de l'éveiller en douceur. Dès lors, pensez à :

- opter pour des jeux avec un fort contraste noir/blanc plutôt que des objets de couleurs ;
- favoriser ceux qui produisent des sons ou de la musique pour développer son audition ;
- placer un mobile au-dessus de son berceau. En suivant leur mouvement des yeux, il augmentera sa capacité d'exploration visuelle.

De 3 à 6 mois, les jouets deviennent plus interactifs. Vous pouvez par exemple :

- placer un miroir devant votre enfant pour lui permettre de se regarder et pour lui donner une vision globale de la pièce dans laquelle il se trouve ;
- l'installer sur le ventre et poser un jouet sur le côté pour l'encourager à se retourner sur le dos ;
- lui offrir des jeux d'exploration en lui donnant des cubes de différentes matières, des hochets à grelots, des jouets sonores, de petits personnages ou des animaux tout doux faciles à saisir, etc.

De 6 à 12 mois, votre enfant a acquis de nombreuses aptitudes psychomotrices. Il lui faut dès lors des jouets adaptés à ces nouvelles compétences. Vous pouvez :

- lui proposer des jeux sonores et de lumière. Il comprendra rapidement qu'il peut influencer le bruit ou la luminosité de l'objet grâce à diverses manipulations ;
- lui offrir des imagiers. Ces petits livres ont la particularité d'être très interactifs. L'enfant est attiré par les différentes textures, les couleurs, les miroirs souvent présents, etc. De plus, ces ouvrages l'aident à associer une image ou un son à un mot ;

- lui donner des jeux à empiler. Ces jouets développent son sens de l'observation et de la précision ainsi que sa concentration.

De 12 à 18 mois, la capacité motrice du bambin évolue de plus en plus et ses compétences intellectuelles s'affirment. Les jeux encourageant l'enrichissement culturel, cérébral et moteur deviennent indispensables. N'hésitez pas à :

- favoriser les jouets à tirer, à pousser ou à rouler, c'est-à-dire tout ce qui invite l'enfant à bouger ;
- vous diriger vers des jeux d'habileté (encastrer des formes, les trier, etc.) ;
- lui offrir un ballon pour l'aider à trouver son sens de l'équilibre et à améliorer sa coordination.

De 18 mois à 2 ans, l'enfant entre dans une phase de réflexion. Dès lors, optez pour les jeux dits éducatifs et les jeux symboliques tels que :

- les jeux d'adresse ;
- les jeux de construction ;
- les poussettes, les poupées et les camions ;
- les cuisines, les supermarchés ou les garages miniatures.

ÉVEILLER SON BÉBÉ, C'EST AUSSI LE PRÉPARER À L'AVENIR

L'ÉDUCATION

L'éducation est capitale pour votre enfant puisqu'elle lui offre la possibilité de s'épanouir, de s'éveiller et de se préparer à la vie sociale tout en respectant son rythme de développement.

Un enfant a besoin de limites. Cette règle s'applique même au nourrisson, lorsqu'il est à un âge où il veut tout, tout de suite. Eh oui, votre bébé est un petit curieux et il n'a pas encore acquis la notion de patience. Le rôle des parents est donc de lui inculquer le concept du « non » et d'instaurer un système de règles qui l'aideront à évoluer dans le respect de lui-même et des autres.

Comment s'y prendre ?

Pour être en mesure de lui procurer une éducation saine, respectueuse et efficace, il est important de rester ferme et calme. Il s'agit de faire preuve d'une autorité positive en expliquant calmement à votre enfant qu'il existe des règles à respecter et qu'il sera puni s'il les enfreint. Lorsque l'on gronde son petit, il ne faut jamais se contenter de crier ou de l'envoyer au coin. Au contraire, informez-le, faites-lui savoir que ce qu'il a fait est mal et qu'il devra s'excuser et réfléchir à ses actes. Il est important toutefois de ne pas prolonger la punition trop longtemps. Ce faisant, il pourra intégrer plus facilement ce qu'il peut et ce qu'il ne peut pas faire dans la maison ou dans l'endroit où il se trouve.

Ces quelques pistes vous aideront à poser les limites et à encadrer l'éducation de votre enfant :

- respectez son rythme et utilisez de petits rituels pour structurer sa journée et le rassurer ;
- n'accourez pas dans la chambre du nourrisson aux moindres pleurs si tous ses besoins ont été assouvis. Attendez un peu de voir s'il se calme de lui-même ;
- faites-le patienter un petit peu avant de lui donner l'objet sur lequel il a jeté son dévolu et refusez si celui-ci représente un danger, en lui en expliquant bien entendu les raisons ;
- instaurez un système de récompense – sauf pour les repas. Celle-ci fait partie intégrante de l'éducation, mais elle doit rester spontanée et justifiée. Évitez donc les récompenses conditionnelles du type « tu auras … si … » ;
- apprenez-lui la politesse en l'encourageant à dire « bonjour », « au revoir », « s'il te plaît », « merci », « pardon », etc. ;
- habituez-le à attendre son tour et ne cédez pas à ses caprices ;
- évitez les phrases négatives, car un enfant de moins de 2 ans ne comprend pas la négation. Si vous dites « Ne monte pas sur le canapé ! », il entendra « monter » et « canapé » et s'y installera même si vous rééditez votre interdiction. Dites plutôt : « Descends du canapé ! »
- demandez-lui une seule chose à la fois. Un enfant ne retient qu'une action, inutile donc de lui communiquer plusieurs consignes ;
- facilitez-lui la tâche avec des propos simples et clairs et accompagnez le geste à la parole. Jusqu'à 2 ans, l'enfant a une perception sensori-motrice et est donc plus sensible aux gestes qu'aux mots.

N'oubliez pas que dans un couple, l'éducation se fait en partenariat. Les parents doivent rester unis et ne doivent pas se contredire dans leurs principes éducatifs.

COMMENT GÉRER UN RETARD PSYCHOMOTEUR OU UN HANDICAP ?

Un trouble du développement psychomoteur engendre bien souvent des moments de souffrance et d'inquiétude, tant pour l'enfant que pour ses parents. Adapter l'éducation du petit à ses besoins et l'aider à gérer cette difficulté d'apprentissage au quotidien devient alors une priorité.

Il est encore plus important d'offrir des points de repère rassurants pour le nourrisson et des espaces distincts pour chaque activité : un endroit pour dormir, pour le laver, pour manger et un autre pour jouer. Il pourra ainsi comprendre plus facilement ce que l'on attend de lui suivant l'emplacement où il se trouve.

Il est bon de savoir également que durant les trois premières années de la vie, le cerveau est caractérisé par une grande sensibilité aux influences extérieures. C'est ce que l'on appelle la plasticité cérébrale. Elle permet aux structures cérébrales non encore déterminées de développer une fonction spécifique au contact de l'environnement. Une prise en charge précoce et régulière peut donc influencer et développer les capacités de l'enfant. Il existe des services d'accompagnement et d'accueil dans lesquels des professionnels sont à même d'aider les parents et leur enfant à gérer ce handicap, et ce, grâce à des structures et des méthodes adaptées.

Quelques approches thérapeutiques

- **La kinésithérapie neuropédiatrique** a pour objectif de développer au maximum la motricité fonctionnelle des enfants souffrant d'un handicap moteur. Deux méthodes sont souvent utilisées dans cette approche : la méthode Bobath et la méthode Le Metayer. Le concept Bobath vise à faire progresser l'enfant dans son développement sensori-moteur. Il l'aide à adapter ses postures et ses mouvements afin qu'il puisse réaliser ses activités fonctionnelles et ludiques de la façon la plus normale possible. La technique Le Metayer, quant à elle, favorise une rééducation à travers l'ensemble des activités de l'enfant en tenant compte de ses difficultés.

- **Le *snoezelen*** est un concept venu de Hollande qui propose des stimulations sensorielles. L'espace *snoezelen* est une pièce dans laquelle tous les sens peuvent être sollicités. L'accompagnant n'intervient donc que pour aider l'enfant dans la découverte de l'activité, en mettant, par exemple, un objet à sa portée ou en le déplaçant vers une autre activité si ce dernier en montre le désir de quelque manière que ce soit. À partir de cette communication non verbale, une relation s'établit avec l'adulte, et le nourrisson quitte d'une certaine façon sa solitude pour accéder à un état de bien-être.
- **La logopédie** va aider l'enfant à développer son langage oral et lui proposera des formes de communication non verbales en fonction de ses potentialités. Cette approche thérapeutique est également très efficace pour traiter les troubles de l'alimentation et de la déglutition grâce, notamment, à des exercices de renforcement des muscles des organes digestifs supérieurs comme la langue ou le pharynx.
- **La psychomotricité relationnelle et globale** aide quant à elle l'enfant à communiquer avec le corps. Elle s'appuie sur le jeu dans une ambiance sécurisante.

Lors de son développement, votre bébé partira à la découverte des autres et de son environnement et se découvrira progressivement. Chaque nouvelle expérience qu'il fera l'aidera à s'épanouir et élargira son univers. Pour qu'il puisse évoluer, il est primordial de ne pas le bousculer et de respecter ses rythmes. Pour bien l'éveiller, pensez aux limites de ses compétences, mais tenez également compte de la chronologie de ses acquisitions.

FAQ

COMMENT RÉAGIR SI MON BÉBÉ REFUSE DE MANGER ?

Vérifiez dans un premier temps s'il n'est pas malade ou indisposé. Si ce n'est pas le cas, ne l'obligez pas à manger : un enfant en bonne santé ne se laisse jamais mourir de faim. Le repas doit rester un moment convivial et privilégié. Ainsi, en forçant votre bébé, vous transformerez ce moment en situation conflictuelle. Le respect de l'enfant passe aussi par celui de ses goûts, alors laissez-lui le temps de s'adapter. Son refus n'est pas nécessairement définitif. Proposez-lui à nouveau l'aliment en soignant la présentation du repas et en le nommant. Enfin, faites manipuler à votre enfant des fruits et légumes pour qu'il se familiarise à eux et qu'il ressente l'envie d'y goûter.

QUEL JOUET CHOISIR POUR MON BÉBÉ ?

Il est capital de choisir un jouet adapté à l'âge ainsi qu'au niveau de développement de votre enfant et capable de capter son attention. Durant les premiers mois, les jeux doivent être sensoriels, puis moteurs et enfin éducatifs. Le jeu choisi doit en outre vous convenir, être facile d'utilisation et être sécurisé. Repérez les mentions « CE » et « NF » sur les étiquettes afin de vous assurer du respect des normes européennes et françaises. Enfin, ne lui ôtez jamais son jouet favori, car ce dernier le rassure et possède des vertus apaisantes.

QUE PENSER DE LA TÉTINE ?

La tétine ne devrait être utilisée qu'en dernier recours. Si le nourrisson peut y trouver une forme de réconfort ou d'apaisement tant qu'il manifeste un réflexe de succion, elle peut également se révéler plus néfaste que bénéfique.

Si vous lui donnez sa tétine dès que quelque chose ne va pas, non seulement il prendra l'habitude de rechercher systématiquement une aide extérieure pour être réconforté, mais vous ne répondrez pas nécessairement à sa demande. Laissez-lui un peu de temps, il trouvera par lui-même un moyen de se calmer.

L'autre danger de la sucette est le maintien d'un réflexe de succion qui retarde le passage vers la déglutition adulte et la mastication, mais également l'apparition de la parole puisque celle-ci suit l'évolution de la déglutition. À plus long terme, le maintien de cette sucette peut engendrer des troubles de l'articulé et des malpositions dentaires.

COMMENT SAVOIR SI JE STIMULE TROP MON ENFANT ?

Un nouveau-né est attentif et collabore au jeu tant qu'il éprouve du plaisir. Sa joie est évidente et spontanée. Si vous stimulez trop votre enfant, vous en serez averti au travers de son comportement : fatigue, voire endormissement, inattention, pleurs, etc. Tous ces petits signes vous indiquent qu'il est temps d'arrêter.

MON ENFANT D'UN AN NE PARLE PAS, EST-CE NORMAL ?

Pas d'inquiétude, chaque enfant se développe à son propre rythme et souvent il ne s'agit que d'un retard bénin. La plupart des bambins prononcent leurs premiers mots entre 10 et 15 mois ; ils associent deux mots vers 18 mois et forment de courtes phrases vers 2 ans. Mais cette règle n'est pas universelle : si votre enfant ne parle pas, c'est qu'il se concentre peut-être sur d'autres compétences, comme l'acquisition de la marche.

Cependant, quelques signaux peuvent vous alerter et vous encourager à consulter un pédiatre : votre enfant ne réagit pas au bruit ; il fait des infections ORL récurrentes ; il éprouve des difficultés pour comprendre ; il ne pointe pas du doigt les objets qu'il souhaite ; il ne cherche pas à entrer en communication, etc.

COMMENT SAVOIR SI MON ENFANT SOUFFRE D'UN RETARD DE DÉVELOPPEMENT ?

Concernant le développement d'un enfant prématuré, il faut tenir compte de son âge corrigé durant les deux premières années de vie. Il correspond à l'âge qu'aurait eu votre bébé s'il était né à terme. On le calcule ainsi : âge corrigé = âge chronologique - nombre de semaines de prématurité. Ainsi, un prématuré de 6 mois né à 28 semaines de grossesse aura un âge corrigé de 3 mois (6 mois - 12 semaines de prématurité). Son âge de développement doit donc correspondre à son âge corrigé et non à son âge réel ou chronologique.

Si ses aptitudes sont en décalage, n'hésitez pas à consulter votre pédiatre qui recherchera la cause de ce retard et vous proposera des traitements et un suivi adéquats.

POUR ALLER PLUS LOIN

SOURCES BIBLIOGRAPHIQUES

* AUDIFFRET (Chantal et Antoine d'), *L'art de vivre en famille(s)*, Paris, Éditions de l'Atelier, 2011.
* BOURRILLON (Antoine) et BENOIST (Grégoire), *Pédiatrie. Réussir les épreuves classantes nationales*, Paris, Elservier Masson, 2013.
* BROCA (Alain de), *Le développement de l'enfant : aspects neuro-psycho-sensoriels*, Paris, Elservier Masson, 2006.
* BROWNE (J.V.), « Chemosensory Development in the Fetus and Newborn », in Newborn and Infant Nursing Reviews, vol 8, 2008, p. 180-186.
* FERLAND (Francine), « Jouer avec bébé », in *Naître et grandir*, consulté le 28 septembre 2015. http://naitreetgrandir.com/fr/etape/0_12_mois/fiches-activites/fiche.aspx?doc=bg-naitre-grandir-jouer-bebe
* LANDRIEU (Pierre) et TARDIEU (Marc), *Neurologie pédiatrique*, Paris, Elservier Masson, 2001.
* LE MÉTAYER (Michel), *Rééducation cérébro-motrice du jeune enfant. Éducation thérapeutique*, Paris, Elservier Masson, 1999.
* MAURY (M.), « Développement affectif du nourrisson. L'installation précoce de la relation mère-enfant et son importance », in Faculté de médecine de Toulouse, consulté le 5 novembre 2015. www.medecine.ups-tlse.fr/dcem3/module03/08.DEVELOPPEMENTAFFECTIF(3 3.pdf
* PLACE (Marie-Hélène), *60 activités Montessori pour mon bébé*, Paris, Nathan, 2012.
* TRUCHIS (Chantal de), *L'éveil de votre enfant : le tout-petit au quotidien*, Paris, Albin Michel, 2009.

- Valleteau de Moulliac (Jérôme), Gallet (Jean-Paul) et Chevalier (Bertrand), *Guide pratique de la consultation en pédiatrie*, Paris, Elservier Masson, 2005.

SOURCES COMPLÉMENTAIRES

- Choque (Jacques), *Massages pour les bébés et les enfants*, Paris, Albin Michel, 1997.
- Kavanagh (Wendy), *Le massage des bébés*, Paris, Le Courrier du Livre, 2006.
- Leboyer (Frédérick), *Shantala : un art traditionnel, le massage des enfants*, Paris, Éditions du Seuil, 2004.
- Quentin (Olivier), Godderidge (Bernard) et Arfeuille (Patrice d'), *Snoezelen, un monde de sens*, Paris, Éditions Pétrarque, 2010.
- Rossant-Lumbroso (Jacqueline), *Bien nourrir bébé de 0 à 3 ans*, Paris, Odile Jacob, 2006.

Éditeur responsable : Lemaitre Publishing
Avenue de la Couronne 382 | B-1050 Bruxelles
info@lemaitre-editions.com

ISBN ebook : 978-2-8062-7413-7
ISBN papier : 978-2-8062-7414-4
Dépôt légal : D/2015/12603/622
Photo de couverture : © Goodluz - Fotolia.com.
Couverture : © Lisiane Detaille